차례

등장인물 ● 4
머리말 ● 6
추천사 ● 8
이 책을 재미있게 읽는 방법 ● 10

제0장 인트로 ● 12

제1장 역사 속으로
– 나당 전쟁의 시작 ● 34

들어가는 페이지	나당 전쟁 이전, 삼국의 상황
심심 역사 질문	삼국은 원래 사이가 안 좋았나요? ● 54
심각 역사 인물	김춘추 ● 55

제2장 전쟁 한가운데에서
– 남하하는 당나라군 ● 56

들어가는 페이지	나당 전쟁 전, 고구려의 역사와 멸망
심심 역사 질문	중국의 삼국 정벌은 어떻게 시작됐나요? ● 92
심각 역사 인물	광개토 대왕·장수왕·연개소문 ● 93

제3장 **흔들리는 신라**
— 김유신의 죽음과 배신 세력들 ●94

들어가는 페이지	나당 전쟁 전 신라의 역사와 통일
심심 역사 질문	삼국 시대 말의 국제 상황은 어땠나요? ●128
심각 역사 인물	김유신·문무왕 ●129

제2장 **승리의 전략**
— 매소성 전투 ●130

들어가는 페이지	나당 전쟁 전반의 흐름
심심 역사 질문	백제와 고구려의 백성들은 어떻게 되었나요? ●166
심플 역사 정리	4세기부터 이어진 삼국의 경쟁 ●167

등장인물

심오한

의무감, 책임감, 정의감
3대 감을 지키며
한국사를 사랑하는 초등학생.
역사 퀴즈 대회에서
심용환 쌤을 만나
VR 체험 행사에 초청되었다.
한국사 속에서 모두를
탈출시키기 위해 애쓰는 중!

아라한 마코

오한의 친구이자 한스 트리오 중 한 명.
생각과 행동이 단순한 편이어서인지
복잡한 존재에는 스위치되지 않는 듯!
그렇지만 친구들을 위해서는
몸을 아끼지 않고 돌격하는 중!

한율

오한의 친구로 태권도 유단자.
혼자 떨어져 두려움에 떨던 것도 잠시,
곧 나라를 지키기 위해 두 팔 걷고 나서는
겁 없는 초등학생! 뛰어난 행동력으로
체험단 구출 작전에 앞장서는 중!

심용환 쌤

대한민국 대표 역사학자. 역사 박물관에서 열리는 AI와 결합된 VR 체험의 기획과 자문을 맡았다. 다양한 역사 관련 체험과 활동을 통해 한국사를 배우고 깊이 생각하는 기회를 나누고자 노력하는 중!

AI 캔

VR 체험기-스위치 브레인의 운영자. 정확한 정체는 알 수 없으나 지식과 정보를 계속 업데이트 중인 AI 로봇. 심각한 오류로 참가자들이 역사 속에 갇히자, 오한과 함께 이들을 구출하기 위해 맹활약 중!

VR 체험단

박물관 VR 체험의 투자자 자녀들. 다소 우쭐거리는 경향이 있다.

 어린이 여러분, 안녕하세요.
역사학자 심용환 쌤이에요.

여러 역사책을 냈지만, 순수하게 만화로 이루어진 역사책은
처음이어서 너무너무 기쁘고 설렙니다.

'역사를 안다'는 것은 단지 과거에 이런 일이 있었구나를 기억하는 것이
아니라고 생각해요. 한발 더 나아갈 필요가 있지요.

'아~, 그래서 이런 일이 일어났구나!'
'어쩜, 어떻게 이런 일이….'
'음…, 만약에 나라면 어땠을까?'

역사를 통해 이런 기분이나 감정이 느껴지는 게 더 중요하다고 생각해요.
옛날이야기지만 공감이 되고 여러 생각을 불러일으키는 것.
그것이 우리가 역사를 누리는 이유가 아닐까 하는 생각을 해 보게 됩니다.

어떻게 하면 여러분과 그런 마음을 나눌 수 있을지
고민하다 이번에는 '만화'를 선택했습니다.
만화를 통해 보다 입체적으로 과거의 일을
느끼고 누리며, 이를 통해 오늘 우리가
살아가는 세상에 대해 보다 깊이 이해하고
놀라운 생각을 하는 기회를 만들어 보고 싶었어요.
재밌게 보고, 뜻깊게 읽고, 느껴지고 생각된 바를
주변 친구들이나 가족들과 나누어 보았으면
좋겠습니다.

앞으로 펼쳐질 이야기는 AI와 VR,
머신러닝 등 첨단 기술을 통해
우리가 직접 과거로 가서 그때의 역사에 참여하는
방식으로 이루어질 거예요.

저는 여러분과 함께 신라 시대로, 후삼국 시대로,
때로는 장보고와 왕건을, 이성계와 정도전을 만나러 가기도 하며,
안창호·김구와 독립운동을 하거나, 전쟁에서 승리를 거두기 위해,
또 사람들을 행복하게 만들기 위해 여러 선택을 하게 되지요.

만약 우리가 그때 살았다면 우리는 어떤 선택을 하게 될까요?
이제 직접 참여하고 직접 선택을 해 볼 테니
잔뜩 기대감을 갖고 역사의 복판으로 뛰어들자고요!

2025년 11월
재미있는 역사를 나누고픈 **심용환 쌤**

추천사

대중 강연과 깊이 있는 연구를 병행하며,
역사 대중화에 헌신해 온 심용환 선생님의 노력이 드디어
어린이들을 위한 만화라는 결실을 맺었군요!
역사를 통해 현재를 읽고 미래를 꿈꾸게 할
심용환 선생님의 따뜻하고 힘 있는 시선이
이 만화에 고스란히 담겨 있습니다.
재미와 교육이라는 두 마리 토끼를 모두 잡은 이 역작이야말로
우리 아이들이 한국사를 즐겁게 시작하는
최고의 길잡이가 될 것이라 확신합니다.

큰별쌤 최태성

타고난 역사 이야기꾼 심용환 선생님이
여러분의 역사적 상상을 눈앞에 펼쳐 드립니다.
지켜만 보는 시간여행자가 아닌 역사 속 주인공이 되어
신나는 역사 탐험을 할 수 있는 책을 만나보세요!

정치학자 김지윤

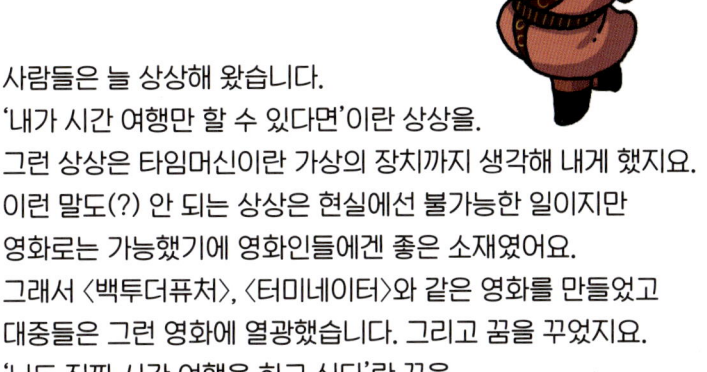

사람들은 늘 상상해 왔습니다.
'내가 시간 여행만 할 수 있다면'이란 상상을.
그런 상상은 타임머신이란 가상의 장치까지 생각해 내게 했지요.
이런 말도(?) 안 되는 상상은 현실에선 불가능한 일이지만
영화로는 가능했기에 영화인들에겐 좋은 소재였어요.
그래서 〈백투더퓨처〉, 〈터미네이터〉와 같은 영화를 만들었고
대중들은 그런 영화에 열광했습니다. 그리고 꿈을 꾸었지요.
'나도 진짜 시간 여행을 하고 싶다'란 꿈을.

심용환 선생님은 자타공인 대한민국 최고의 역사 스토리텔러입니다.
많은 이들이 한국사, 세계사를 공부하려고 하지만 사실 장벽이 너무 높아요.
어렵고도 딱딱하기 때문이지요. 심용환 선생님은 그런 높은 장벽을
과감하게 부수고 딱딱한 주제를 일반 대중에게 쉽고 알차게 전달하는
마술과도 같은 능력이 있는 분입니다.
이번에 심 선생님이 또 큰일을 했습니다. 할리우드 감독들의 영원한 소재
'시간 여행'을 역사와 접목시킨 것이지요. 어린 학생뿐 아니라 성인도
이 타임머신을 타고 역사 속 여행을 충분히 떠날 수 있도록 내용이 알찹니다.
여러분은 심용환 선생님과 이 역사 타임머신을 타고
어느 시대, 어느 장소로 가 보고 싶은가요?
저 또한 벌써부터 흥분되고 떨리네요.
우리 같이 이 신나는 역사 타임머신 여행을 떠나 봅시다!

역사 강사 썬킴

이 책을 재미있게 읽는 방법

들어가는 페이지를 보고 배경지식을 확인하세요!
만화 본문을 읽기 전, 중요한 역사 흐름을 도식표로 쉽게 이해할 수 있어요.

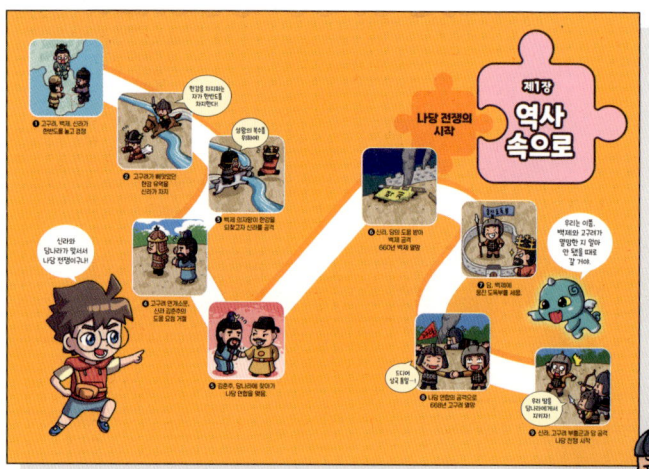

신나고 재미있게 만화 본문을 읽어 보세요!
어려운 단어는 페이지 하단의 주석으로 확인하세요.

3 조금 더 상세한 한국사는 심오한 역사 상식과 심심 역사 질문,
심각 역사 인물, 심플 역사 정리로 흐름을 파악하고 마무리!

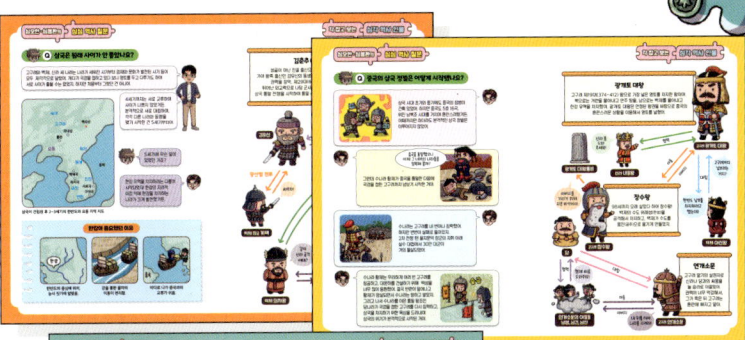

4 〈한국사 탈출하기〉 독자만을 위한
심용환 쌤의 특별 한국사 강의도 잊지 마세요!

〈한국사 탈출하기〉 1권의
중심 주제인 '나당 전쟁'에 대한
심용환 쌤의 강의를
바로 볼 수 있어요!

 강의 영상

이 병사의 이름은 이한돌.

이순신 장군 *휘하 병사들 중 하나!

그래, 어쩌면 실제 있었던 인물일 수도….

보이는 장면들이 너무 현실적이야.

으윽!

진짜… 아프다. 고통도 느껴져.

이게 말이 되는 건가….

*휘하 : 장군의 지휘를 받는 군사

*AI(Artificial Intelligence) : 학습, 추리, 적응 등의 기능을 가진 인공 지능 컴퓨터 시스템
*VR(Virtual Reality) : 실제가 아닌 것을 현실처럼 생각하고 보이게 해주는 가상현실 기술

5!

4!

어? 뭐가 묻었나? 잘 안 보이네.

3!

빨리 닦고 쓰자.

2!

1!

O!!

엥?

비상! 비상 사태!!

위잉 위잉

비상! 모든 프로그램을 중지합니다!

뭐야? 왜 이러지?

프로그램은 정상 작동 중인데, 참가자들 뇌파 신호가 이상합니다!

비상 *프로토콜 실행.

당장 프로그램 중지해!

상황실 작업자는 모든 행동을 멈추세요.

프로그램 참가자에게 영향을 줄 수 있습니다.

*프로토콜(protocol) : 데이터와 시스템 등을 원활히 작동시키기 위해 약속한 여러 가지 규약

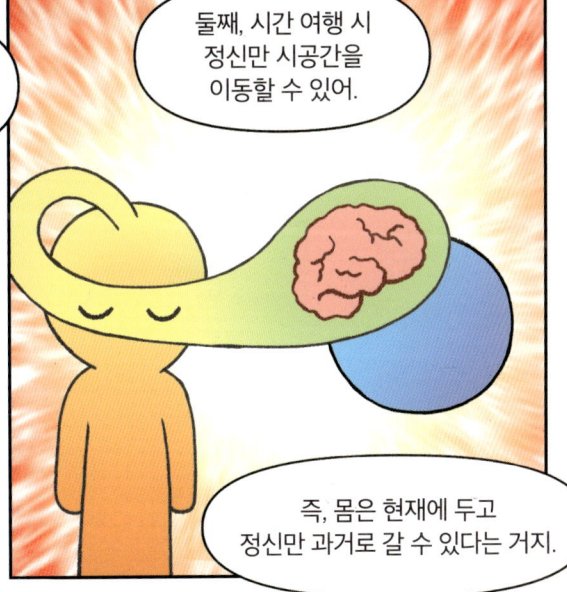

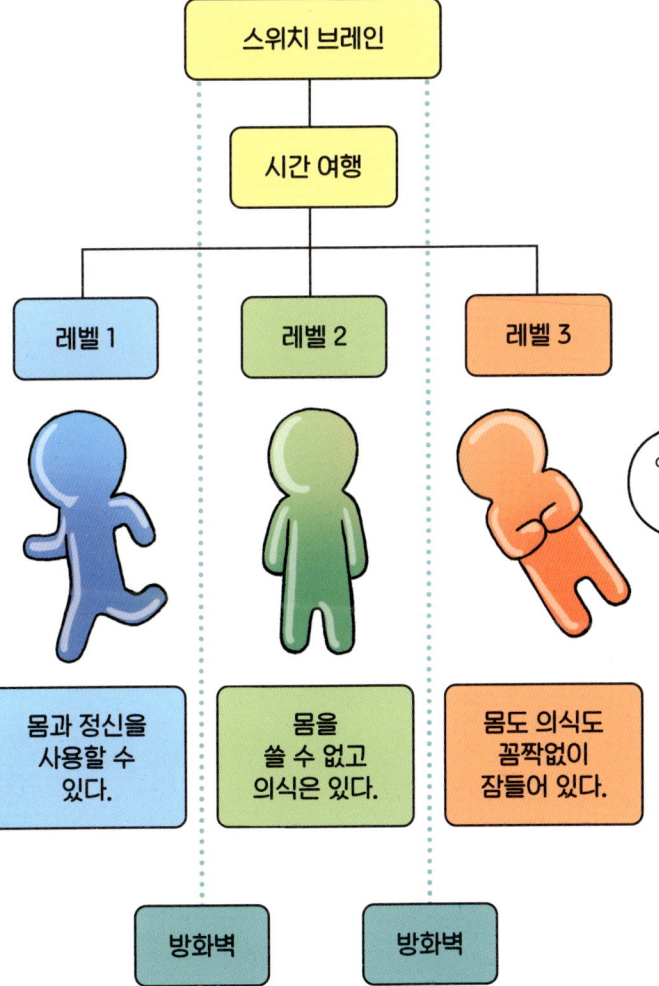

❶ 고구려, 백제, 신라가 한반도를 놓고 경쟁

❷ 고구려가 빼앗았던 한강 유역을 신라가 차지

"한강을 차지하는 자가 한반도를 차지한다!"

❸ 백제 의자왕이 한강을 되찾고자 신라를 공격

"성왕의 복수를 위하여!"

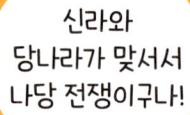

❹ 고구려 연개소문, 신라 김춘추의 도움 요청 거절

❺ 김춘추, 당나라에 찾아가 나당 연합을 맺음.

"신라와 당나라가 맞서서 나당 전쟁이구나!"

나당 전쟁의 시작

제1장
역사 속으로

❻ 신라, 당의 도움 받아 백제 공격 660년 백제 멸망

❼ 당, 백제에 웅진 도독부를 세움.

우리는 이쯤, 백제와 고구려가 멸망한 지 얼마 안 됐을 때로 갈 거야.

드디어 삼국 통일…!

❽ 나당 연합의 공격으로 668년 고구려 멸망

우리 땅을 당나라에게서 지키자!

❾ 신라, 고구려 부흥군과 당 공격 나당 전쟁 시작

심오한 역사 상식

도호부와 도독부

도호부·도독부는 당나라가 정복하고 차지한 지역을 지배하기 위해 설치한 군사·행정 기관이야. 도호부 아래에 도독부를 여러 개 두었지. 고구려를 멸망시킨 뒤 평양에 안동 도호부 외에 도독부 9개를, 백제에는 공주에 웅진 도독부 및 도독부 4개를, 신라에는 경주에 계림 도독부를 설치했어. 이 기구들이 설치되었다는 것은 당나라가 삼국을 다스린다는 의미를 갖는데, 백제 지역에 도독부를 설치한 뒤에 곧 백제 부흥 운동이 일어나면서 곧 *유명무실해졌어.

*지형지물(地形地物): 땅의 생김새와 땅 위에 있는 모든 물체
*우위(優位): 남보다 나은 위치나 수준

*간자(間者) : 비밀이나 중요한 정보를 알아내 반대편에 제공하는 사람

심오한·심용환의 심심 역사 질문

Q 삼국은 원래 사이가 안 좋았나요?

고구려와 백제, 신라 세 나라는 나라가 세워진 시기부터 경제와 문화가 발전된 시기 등이 모두 제각각으로 달랐어. 게다가 국경을 접하고 있다 보니 영토를 두고 다투기도 하여 서로 사이가 좋을 수는 없었지. 하지만 처음부터 그랬던 건 아니야.

4세기까지는 서로 교류하며 사이가 나쁘지 않았거든. 본격적으로 서로 대립하며, 각각 다른 나라와 동맹을 맺기 시작한 건 5세기부터야.

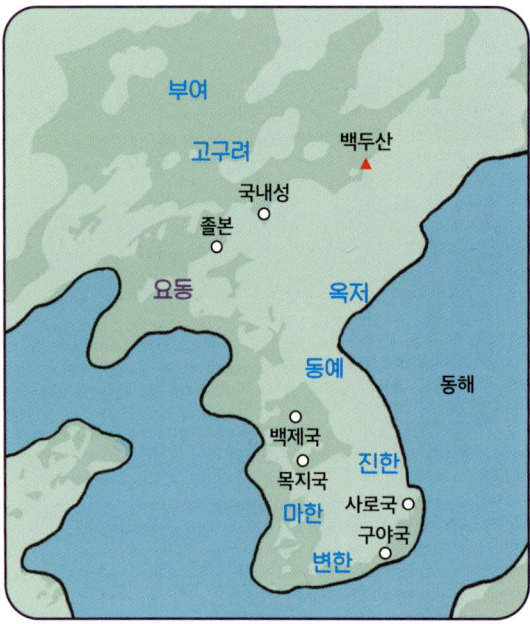

삼국이 건립된 후 2~3세기의 한반도와 요동 지역 지도

5세기에 무슨 일이 있었던 거죠?

한강 유역을 차지하려는 다툼이 시작되었지! 한강의 지리적 이점 덕에 한강을 차지하는 나라가 크게 발전했거든.

한강이 중요했던 이유

한반도의 중심에 위치, 농사 짓기에 알맞음.

강을 통한 물자의 이동이 편리함.

바다로 나가 중국과의 교류가 쉬움.

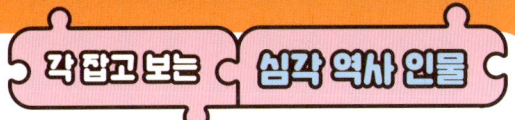

김춘추 (신라 무열왕)

성골이 아닌 진골 출신으로 처음 신라 왕위에 올랐어.
가야 왕족 출신인 김유신의 동생과 결혼하여 긴밀한 관계를 바탕으로
권력을 장악, 제29대(654~661) 왕이 될 수 있었지.
뛰어난 외교력으로 나당 군사 동맹을 맺어 백제를 멸망시켰고,
삼국 통일 전쟁을 시작하여 통일 신라의 전성기를 연 왕이라 할 수 있어.

김유신 — 믿음직한 절친 / 여동생의 남편이자 직장 상사 겸 절친 — 김춘추

황산벌 전투 — 싸우자!

백제 장군 계백

백제 의자왕 — 같이 신라 공격 어때? — 고구려 연개소문

딸의 원수 / 백제의 오랜 원수
동맹 요청 / 동맹 거절

협력 — 오케이! 대신 조건이…
당나라

❶ 기원전 37년 주몽, 고구려 건국

❷ 372~3년 소수림왕, 불교 전래, 태학 설립, 율령 반포

이거 다 우리 땅!
❸ 396년 광개토 대왕, 백제 공격, 영토 확장

이제 남쪽도 공략해 볼까~.
만주
한반도
❹ 427년 장수왕, 국내성에서 평양성으로 도읍 이전

고구려는 요동 너머 만주까지 뻗어나가서 수·당의 견제를 받아 멸망으로 이어진 거구나.

❺ 612년 수 양제, 고구려 침공 을지문덕이 살수 대첩에서 물리침.

남하하는
당나라군

제2장
전쟁 한가운데에서

❻ 당 침입, 연개소문, 안시성에서 격파

❼ 연개소문, 신라 김춘추의 연합 요청 거절

수나라는 고구려를 무리해서 침략하다 멸망할 정도였다고. 그 뒤에 당나라가 등장한 거야.

싸우지들 말고 나라 좀 지켜~.

❽ 연개소문 사망, 내부 권력 다툼

❾ 신라, 당과 연합하여 고구려 공격

❿ 668년, 당에 평양성 함락, 고구려 멸망 당이 안동 도호부 설치

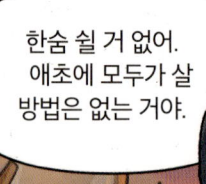

*도륙(屠戮) : 사람이나 짐승을 함부로 참혹하게 마구 죽임.

*배속(配屬): 사람을 어떤 곳에 배치시켜 일하게 함.

*만화 속 장창당과 천보노는 전해지는 그림 자료가 없어 상상으로 구성되었습니다.

삼국 시대의 전쟁 무기

삼국 시대의 전쟁은 주로 산이나 언덕, 성을 중심으로 이루어졌어. 병사들이 직접 맞서 싸우는 백병전도 있지만 말을 타고 활을 쏘는 기마전도 이루어졌지.
때문에 말을 막기 위해 긴 창, 장창이 병사들의 기본 무기였어. 또한 기병과 말을 보호하는 비늘 갑옷과 말 갑옷이 발달했다고 해.

고구려 고분의 개마 갑주 무사도

으아악~!
드디어 시작되는구나!
전쟁 싫어!!
너무 무섭단 말이야!

으아약~

못 믿을 AI겠지만,
이것 하나만은 약속할게.

어떤 상황에서도 널 보살필 테니 걱정 마.

쳇, 약속 지켜!
못 믿을 AI!
나도 너랑 한 약속 지킬 테니까.

짭…, 그래.

모두 전투 대형으로!

당군을 무찔러라!
성을 사수하라!

피웅

*성심(誠心) : 정성스러운 마음

*야전(野戰) : 산이나 들과 같은 야외에서 벌이는 전투
*숙달 : 익숙하게 지식, 기술 등을 훤히 알거나 능란하게 함.

Q 중국의 삼국 정벌은 어떻게 시작됐나요?

 삼국 시대 초기와 중기에도 중국의 침범이 간혹 있었어. 하지만 중국도 5호 16국, 위진 남북조 시대를 거치며 혼란스러웠거든. 이때까지만 하더라도 본격적인 삼국 정벌은 이루어지지 않았어.

 그런데 수나라 황제가 중국을 통일한 다음에 국경을 접한 고구려까지 넘보기 시작한 거야.

"중국을 통일했으니 이제 그 너머의 나라들을 정복해 볼까?"

 수나라는 고구려를 네 번이나 침략했어. 하지만 번번이 실패로 돌아갔지. 2차 전쟁 땐 을지문덕 장군의 지휘 아래 살수 대첩에서 30만 대군이 거의 몰살되었어.

 수나라 황제는 무리하게 여러 번 고구려를 침공하고, 대운하를 건설하기 위해 백성을 너무 많이 동원했어. 결국 반란이 일어나고 황제가 암살되면서 수나라는 망하고 말았지. 그리고 나서 수나라를 이은 통일 왕조인 당나라가 국경을 접한 고구려를 다시 침략하고, 삼국을 차지하기 위한 욕심을 드러내며 삼국의 위기가 본격적으로 시작된 거야.

각 잡고 보는 심각 역사 인물

광개토 대왕

고구려 제19대(374~412) 왕으로 가장 넓은 영토를 차지한 왕이야. 북으로는 거란을 몰아내고 만주 땅을, 남으로는 백제를 몰아내고 한강 유역을 차지했어. 광개토 대왕은 안정된 왕권을 바탕으로 중국의 혼란스러운 상황을 이용해서 영토를 넓혔어.

고구려 광개토 대왕

신라 좀 도와주세요!

신라 내물왕 ←협력→ 고구려 광개토 대왕

광개토 대왕릉비

아버지를 기리기 위해 지은 비석이야.

아들 / 아버지

고구려까지 넘보려는 거지?

대립

한반도 남부를 차지하려고 했는데!

장수왕

98세까지 오래 살았다 하여 장수왕! 백제의 수도 위례성(한성)을 공격해서 차지하고, 백제가 수도를 웅진(공주)으로 옮기게 만들었지.

고구려 장수왕

백제 아신왕

당 ←협력→

형제 싸움 도와주세요!

대립

연개소문

고구려 말기의 실권자로 신라나 당과의 싸움을 늘 승리로 이끌었어. 권력이 너무 막강해서, 그가 죽은 뒤 고구려는 혼란에 빠지고 말아.

아들 / 아버지

내 뒤를 이어 나라를 지켜라!

연개소문의 아들들
남생, 남건, 남산

고구려 연개소문

❶ 기원전 57년 박혁거세, 진한의 사로국 왕으로 즉위

❷ 4세기 내물왕, 왕권 강화로 중앙 집권 국가 틀 마련

❸ 503년 지증왕, 국호를 신라로 명명

❹ 6세기 법흥왕, 불교 수용 금관가야 병합

❺ 554년 진흥왕, 백제 공격으로 한강 유역 차지 북한산 순수비 세움.

제3장
흔들리는 신라

김유신의 죽음과 배신 세력들

❻ 648년 김춘추, 백제를 치기 위해 당나라와 나당 동맹을 맺음.

무열왕이 바로 진골 출신으로는 최초로 왕이 된 김춘추야. 김춘추는 김유신과 함께 삼국 통일의 기틀을 마련했어.

❼ 668년 문무왕, 나당 연합의 공격으로 고구려 멸망시킴.

드디어 진정한 통일을 이루었군!

❽ 676년 문무왕, 7년간 이어진 나당 전쟁 승리로 삼국 통일 완성

*색출(索出) : 샅샅이 뒤져서 찾아냄.
*유지(遺旨) : 죽은 사람이 살아 있을 때에 가졌던 생각.

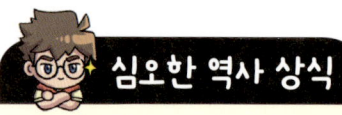

심오한 역사 상식

문무왕과 만파식적

<삼국유사>에 따르면 김유신 장군과 문무왕은 사후에 천신과 동해 용왕이 되어 나라를 지켜 주었대. 문무왕의 뒤를 이은 신문왕은 이들을 위해 감은사라는 절을 지었지. 어느 날, 동해에 작은 산이 감은사를 향해 떠내려 왔고, 그 산에 있는 대나무가 낮에는 갈라졌다가 밤에는 하나가 되었어. 신문왕이 이를 신기하게 보자 바다에서 용이 나타나, 두 성인이 보물을 보냈으니 이 대나무로 피리를 만들어 불면 천하가 평화로울 것이라 했어. 그렇게 만든 피리가 만파식적이야. 피리를 불면 적군이 물러가고 가뭄엔 비가 와서, 신라의 국보가 되었다고 해.

신문왕이 만파식적을 받았다는 경주 이견대

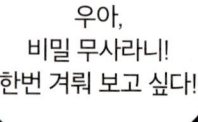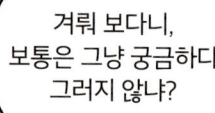

*삼엄(森嚴): 무서우리만큼 질서가 바로 서고 엄숙함.

*증좌(證左) : 참고가 될 만한 증거

폐하, 역적 대토와 그 일당을 모두 잡아들였나이다.

내 직접 *심문할 터이니, 모두 옥에 가두라.

역모의 증거는 비한의 친구가 건넨 것인가…?

*심문(審問) : 자세히 따져서 물음.

심오한·심용환의 심심 역사 질문

 **Q 삼국 시대 말의 국제 상황은 어땠나요?**

나당 전쟁 이전, 삼국이 경쟁하던 때 말이지?
삼국 시대 말기에는 고구려와 백제가 손을 잡고 있었고, 고구려는 북방의 돌궐, 백제는 왜와 동맹 관계였어. 남북 연합이 형성된 거지.

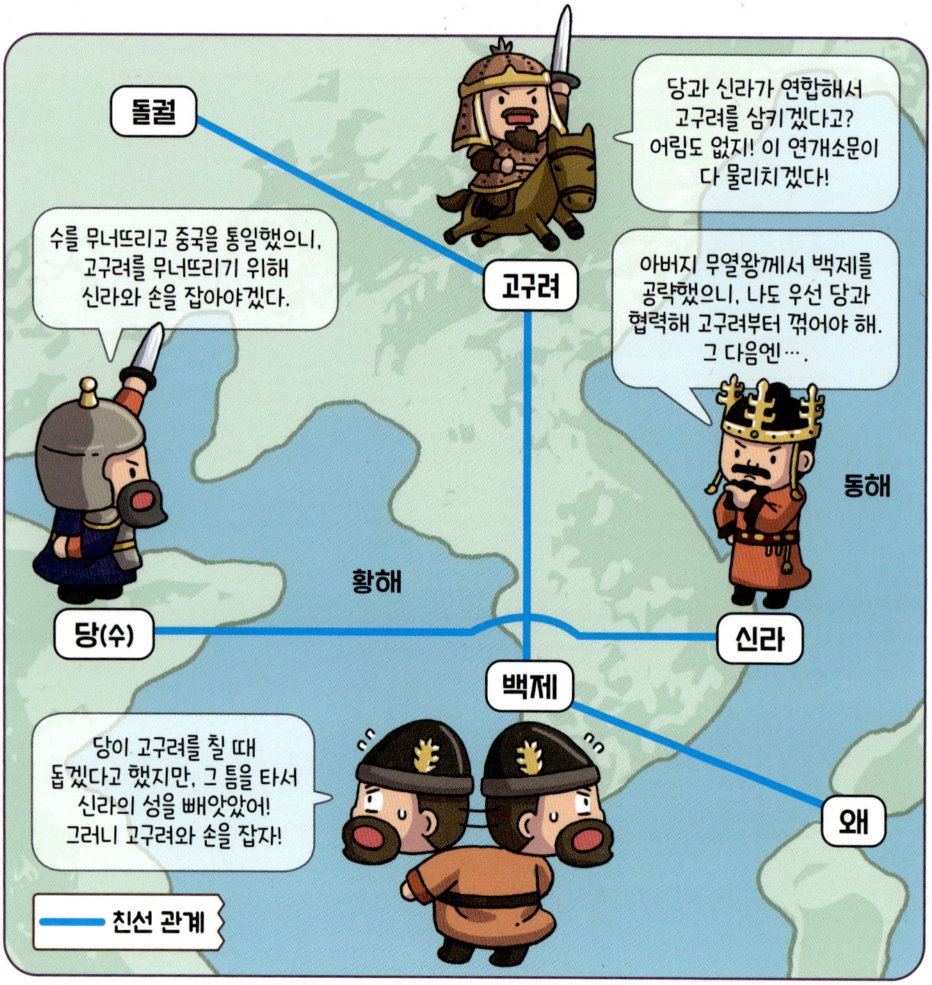

돌궐

고구려
당과 신라가 연합해서 고구려를 삼키겠다고? 어림도 없지! 이 연개소문이 다 물리치겠다!

수를 무너뜨리고 중국을 통일했으니, 고구려를 무너뜨리기 위해 신라와 손을 잡아야겠다.

아버지 무열왕께서 백제를 공략했으니, 나도 우선 당과 협력해 고구려부터 꺾어야 해. 그 다음엔….

당(수)

황해

동해

신라

백제

당이 고구려를 칠 때 돕겠다고 했지만, 그 틈을 타서 신라의 성을 빼앗았어! 그러니 고구려와 손을 잡자!

왜

── 친선 관계

이에 신라는 중국의 수, 그 후에 등장한 당과 협력을 맺고 동맹 관계로 발전했어. 한반도의 패권을 둘러싸고 남북과 동서로 대립하게 된 거지.

각 잡고 보는 심각 역사 인물

김유신

금관가야 왕족 출신으로 신라의 삼국 통일에 큰 역할을 한 뛰어난 장수였어. 진평왕부터 문무왕까지 다섯 왕을 섬길 동안 고구려, 백제, 당과의 전투에 늘 나서서 신라를 위해 싸웠지. 나당 전쟁이 한창이던 673년에 세상을 떠나 문무왕이 매우 슬퍼했어.

- 여동생의 남편이자 직장 상사 겸 절친
- 믿음직한 절친
- 조카 겸 직장 상사
- 믿음직한 장수이자 삼촌

김춘추 (신라 무열왕)

아들 / 아버지

신라는 당의 속국이 아니야!

큰 나라니까 당의 말을 따라야지!

대립 / 대립

신라 문무왕

당의 장수 소정방

백제 장군 계백

문무왕

무열왕으로부터 왕위를 물려받은 신라의 제30대 왕이야. 아버지와 삼촌이 삼국 통일의 기틀을 마련했지만, 당과의 전쟁을 승리로 이끌어 진정한 삼국 통일을 완수했다고 평가 받아. 삼촌이 돌아가시고 귀족들과 장수들 사이에 혼란이 일어나는 등 여러 악조건 속에서도 이를 극복하고 당과의 전쟁을 승리로 이끌었어.

❶ 618년 이연, 당나라를 건국하고 당 고조로 즉위

❷ 648년 신라 김춘추, 당나라에 찾아가 나당 동맹을 맺음.

❸ 668년 당, 고구려 평양성에 안동 도호부 세움.

제4장 승리의 전략

매소성 전투

❹ 670년 신라, 고구려 부흥군과 당 공격. 나당 전쟁 시작

우리 땅을 되찾자!

❺ 675년 매소성 전투에서 신라가 당군 격퇴

남의 힘을 빌리는 데에는 대가가 따르는 법이니까.

❻ 671년 신라가 옛 백제 땅 사비성을 함락하고 소부리주 설치

안 되겠다! 다 철수하자!

❼ 676년 신라, 기벌포 전투 승리로 한반도에서 당을 축출하고 삼국 통일 완성

*기점(起點) : 어떠한 것이 처음으로 일어나거나 시작되는 곳

*집결(集結) : 한군데로 모이거나 모여 뭉침.
*대적(對敵) : 적이나 어떤 세력, 힘 따위와 맞서 겨룸.

 심오한·심용환의 심심 역사 질문

Q 백제와 고구려의 백성들은 어떻게 되었나요?

고구려 유민들은 당나라나 신라로 향하거나 발해 건국의 기틀이 되었어. 백제 유민들도 신라 백성이 되거나 왜로 건너가 각각 북과 남으로 흩어졌단다.

 발해 대조영

고구려 유민과 말갈족을 거느리고 699년에 발해를 건국했어.

이대로 끝낼 수는 없어. 고구려를 잇는 새로운 국가를 건설하자.

흑흑, 가고 싶지 않지만, 당에 끌려가고 마는구나!

신라가 잘해 준다고 하니 신라 백성이 되어야지!

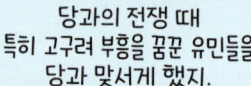 당과의 전쟁 때 특히 고구려 부흥을 꿈꾼 유민들을 당과 맞서게 했지.

 당 고종

 고구려 유민

고구려 멸망 후에 고구려 귀족과 유력자, 기술자들을 당으로 강제 이주시켰지.

백제 부흥은 역부족이니 신라의 백성이 될 수밖에!

 문무왕

백제 귀족과 백성들이 이주한 덕에 뛰어난 문화를 받아들일 수 있었어.

 백제 유민

백제가 왜와 관계가 좋았으니 왜로 가야겠군!

 왜왕

간단히 정리한 심플 역사 정리

나당 전쟁 전 삼국의 경쟁

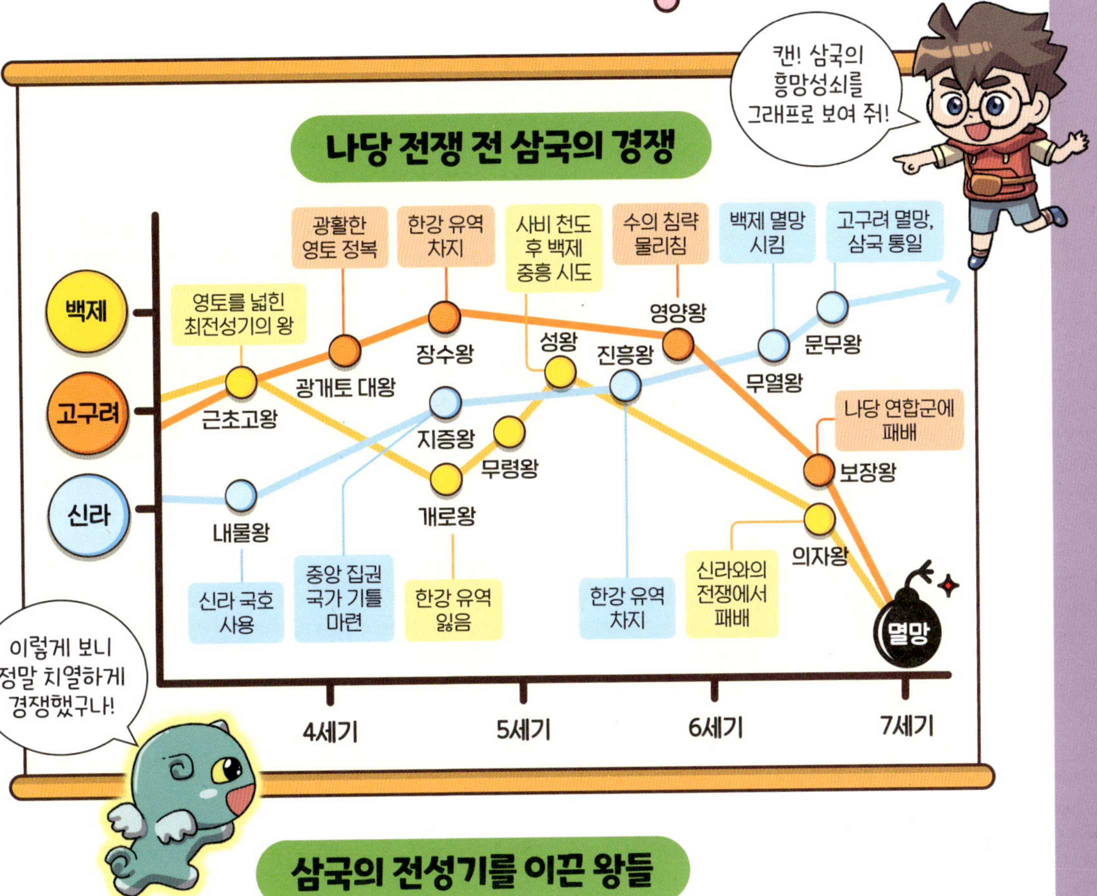

캔! 삼국의 흥망성쇠를 그래프로 보여 줘!

백제 / 고구려 / 신라

- 근초고왕: 영토를 넓힌 최전성기의 왕
- 광개토 대왕: 광활한 영토 정복
- 장수왕: 한강 유역 차지
- 성왕: 사비 천도 후 백제 중흥 시도
- 진흥왕: 한강 유역 차지
- 영양왕: 수의 침략 물리침
- 무열왕: 백제 멸망 시킴
- 문무왕: 고구려 멸망, 삼국 통일
- 지증왕
- 무령왕
- 개로왕
- 보장왕: 나당 연합군에 패배
- 의자왕: 신라와의 전쟁에서 패배
- 내물왕: 신라 국호 사용
- 중앙 집권 국가 기틀 마련
- 한강 유역 잃음

멸망

4세기 5세기 6세기 7세기

이렇게 보니 정말 치열하게 경쟁했구나!

삼국의 전성기를 이끈 왕들

근초고왕 이후, 백제의 중흥을 이끈 왕이야. 수도를 사비(부여)로 옮기고, 일본에 불교를 전파하는 등 백제 문화의 전성기를 열었지.

백제의 성왕

고구려 수도를 국내성에서 평양성으로 옮기고 남진 정책을 펼쳤어. 그런 후에 백제가 차지하고 있던 한강 유역을 빼앗고 개로왕을 처형했지.

또 보니 반갑지?

고구려의 장수왕

김유신과 함께 백제를 멸망시킨 왕이야. 백제, 고구려가 한때 잘나갔지만, 결국 내가 신라의 삼국 통일을 이끈 거지.

신라의 무열왕

1판 1쇄 인쇄 | 2025년 11월 19일
1판 1쇄 발행 | 2025년 11월 28일

기획·감수 심용환
글 우렁각시탈
그림 타니스튜디오
채색 보이드컬러

발행인 심정섭
본부장 문영
콘텐츠3팀 팀장 이은정 | 편집 이영 | 디자인 박수진
제작 이수행, 정승헌 | 홍보 마케팅 황혜선, 김태정 | 출판마케팅 담당 홍성현, 신재철
인쇄처 에스엠그린 | 발행처 서울문화사
등록일 1988년 2월 16일
등록번호 제2-484
전화 02-799-9191(편집) | 02-791-0708(판매)
주소 (우)04376 서울특별시 용산구 새창로 221-19
※ 잘못된 제품은 구입처에서 교환해 드립니다.
ISBN 979-11-7371-756-7 (77910)
     979-11-7371-757-4 (세트)

초등 문해력의 시작, 한자어휘 시리즈

500년 봉인이 풀리고, 요괴와 문사의 세계가 깨어난다!
신나는 한자어휘 세상으로 초대합니다!

안녕? 난 최강인이야.
학교 뒷산에 요괴가 나온다길래
확인하러 갔다가…
헉! 진짜 요괴를 만났지 뭐야?
그런데 자신은 요괴가 아닌 전설의
문사 난설이라나?
나와 난설의 이야기,
들어 보지 않을래?

기획 신태훈 글 윤진혁 그림 김이불 감수 이서윤

『놓지마 과학!』 신태훈 작가와
초등 교육 전문가 이서윤 선생님의 만남!

초등 고학년이 되기 전 반드시 알아야 할
교과 한자어휘 + 일상 속 한자어휘를 만화로 쏙쏙!
워크북으로 개념·쓰임까지 완벽 정복!

문의 전화 : (02)791-0752

2023 THUNDER STUDIO.

SUPER 수학도둑의
두 번째 초능력 모험이 시작되다!

**도도와 친구들의
초능력 만화**

**격투술로
사칙연산을
배운다!**

**교환법칙,
결합법칙,
분배법칙이
한눈에 쏙쏙!**

© NEXON Korea Corp.